MUG CAKES

Kuchengenuss in null Komma nichts

Autorin: Angelika Ilies | Fotos: Jörn Rynio

INHALT

TIPPS UND EXTRAS

8 FRUCHTIG BUNT

RAFFINIERT ANDERS

Immer ein Törtchen parat? Klar doch! Aber selbst gebacken soll es sein? Gerne doch, denn die trendigen Küchlein aus der Tasse backen im Nu in der Mikrowelle!

SCHNELLIGKEIT IST TRUMPF!

In jeder Hinsicht: Das »Backen« braucht nur gut eine Minute, und auch das Zubereiten geht ruck, zuck von der Hand. Alle Zutaten werden nämlich direkt im Becher verrührt. Schnelligkeit ist auch beim Essen der Mug Cakes Trumpf. Die Küchlein lieben es warm oder lauwarm – so schmelzen nur Sie und nicht das leckere Topping dahin. Aber ein bisschen Geduld müssen Sie schon haben, bevor Sie sich den ersten Bissen in den Mund schieben. Die Küchlein sind nach dem Backen sehr heiß.

DIE MIKROWELLE ALS BACKOFEN

Die köstlichen Küchlein holen Mikrowellengeräte aus dem Schattendasein. Nicht mehr nur Auftauen und Aufwärmen – Mug Cakes stellen die schnelle Welle in den Mittelpunkt und nutzen sie als Backofen. Schon beim Verrühren der Zutaten kommt der Becher zum Einsatz – und er dient auch gleich als Backform. Die Wellen dringen in den Becher, erhitzen und garen den Teig im Handumdrehen. Mug Cakes werden bei 600 Watt gebacken. Höhere Wattzahlen mögen sie nicht so sehr.

Wenn die Oberfläche des Cakes nach der angegebenen Garzeit noch sehr weich ist, stellen Sie den Becher erneut 10 – 20 Sekunden ins Mikrowellengerät, bis sie fest ist. Ist sie nur ganz leicht feucht, macht das nichts, denn der Teig gart noch ein wenig nach. Übrigens: Jeder Mug Cake wird einzeln gebacken, mehrere Becher also einfach hintereinander in die Mikrowelle stellen.

TASSEN & BECHER

Kaffeebecher sind unterschiedlich groß und ganz verschieden geformt, auch die Materialien unterscheiden sich. Verwenden Sie für Ihre Mug Cakes gerade geformte, mikrowellengeeignete Becher aus dickwandigem Steingut oder Glas. Becher aus Metall, zartem Porzellan oder dünnem Glas dagegen sind absolut tabu! Zartes kann durch die Hitze zerbersten. Ungeeignet sind außerdem Becher mit Goldrand sowie aufwendig geformte oder üppig verzierte Becher.

Das Material der Tasse kann unter Umständen die Backzeit beeinflussen. Am besten funktionieren die Rezepte in Bechern mit geradem Rand, darin bäckt der Mug Cake gleichmäßig durch. Bei jedem Rezept ist eine Becher-Mindestgröße angegeben. Fast immer sind es 300 ml, eine weit verbreitete Größe bei Henkelbechern. Mein Tipp: Wählen Sie lieber einen zu großen als zu kleinen Becher. So lassen sich die Zutaten bequem verrühren, und der Teig läuft beim Backen nicht über den Rand. Ebenfalls wichtig: In breiteren Bechern ist die Garzeit etwas länger als in hohen. Und backen Sie Ihre ersten Mug Cakes anfangs lieber einige Sekunden zu kurz als zu lang, damit sie nicht zäh werden.

DER »MIXER«

Sie brauchen weder Rührschüssel noch Handrührgerät oder andere Küchenhelfer. Mit wenigen Ausnahmen wird alles mit einer einfachen Gabel oder einem Mini-Schneebesen direkt im Becher gemixt.

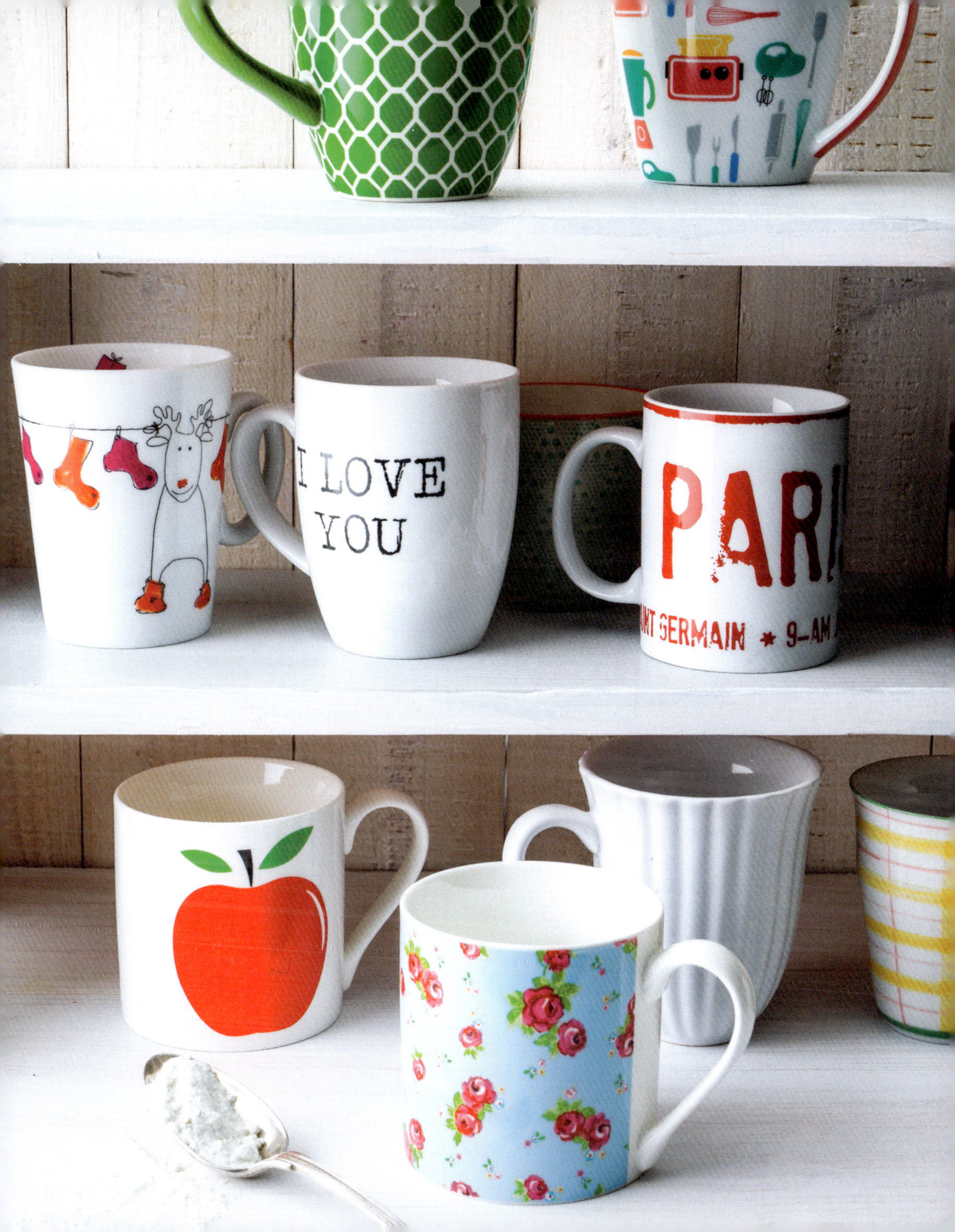
I LOVE YOU
PARI
NT GERMAIN ★ 9-AM

GRUNDREZEPT SWEETHEART

25 g Butter | 2 EL Zucker | ¼ TL gemahlene Vanille | 1 Ei (M) | 3 EL Milch (ersatzweise Kaffeesahne) |
5 EL Mehl (ca. 40 g) | ½ TL Backpulver | 1 EL Zuckerherzen
Für 1 Becher (mind. 300 ml Inhalt) | 5 Min. Zubereitung |
Pro Becher ca. 565 kcal, 12 g EW, 28 g F, 66 g KH

1 Die Butter in den Becher geben und in der Mikrowelle bei 600 Watt in ca. 30 Sek. schmelzen lassen.

2 Die geschmolzene Butter mit einer Gabel oder einem Mini-Schneebesen verrühren, bis sie glatt ist. Zucker und Vanille einrühren, dann das Ei unterrühren.

3 Die Milch in den Becher gießen. Das Mehl hineingeben und das Backpulver daraufstreuen.

4 Zuerst das Backpulver leicht mit dem Mehl vermischen. Dann alle Zutaten im Becher sorgfältig mit einer Gabel zu einem glatten Teig verquirlen.

5 Den Becher in die Mikrowelle stellen und den Kuchen bei 600 Watt ca. 1 Min. 20 Sek. backen, bis die Oberfläche fest ist. Mit Zuckerherzen bestreuen.

TIPP

Das Grundrezept lässt sich beliebig abwandeln: So sorgen statt Vanille auch Zimt, Lebkuchengewürz oder fein abgeriebene Bio-Zitrusschale für tolles Aroma. Werden zusätzlich Rosinen, gehackte Nüsse oder Krokant in den Teig gerührt, verlängert sich die Garzeit um 10 – 20 Sekunden.

KLEINE MENGENLEHRE

Ein duftender Mug Cake wird nicht gern geteilt. Die Rezepte sind ja auch für eine Person berechnet. Deshalb reichen bei den Zutaten jeweils wenige Löffel. Damit die Kuchen gelingen, messen Sie zu Beginn einmal das Fassungsvermögen Ihres Bechers mit Wasser ab. Die meisten Zutaten kommen dann über Teelöffel oder Esslöffel in den Becher, das erspart umständliches Abwiegen.

MESSEN MIT DEM LÖFFEL
Bei solch kleinen Zutatenmengen sind Genauigkeit und Präzision gefragt. Doch nicht alle Esslöffel sind gleich groß. Testen Sie anfangs das Volumen Ihres Löffels mit Wasser, er sollte ca. 10 ml fassen. Wiegen Sie auch einmal ab, wie viele Gramm Mehl oder Zucker auf Ihren Löffel passen. Wichtig dabei: Die Löffelmaße beziehen sich jeweils auf einen gestrichenen Esslöffel bzw. Teelöffel, sonst wandert schnell die doppelte Menge in den Becher. Nach einigen Kuchen haben Sie alle Maße im Gefühl.

MEHL & ZUCKER
Meist kommen helles Weizenmehl (Type 405) und weißer Haushaltszucker in die Becherkuchen. Aber experimentieren Sie auch einmal mit anderen Mehlsorten, z. B. Dinkelmehl, oder mit Rohzucker. Als Faustregel pro Löffel gelten dabei die in der Tabelle angegebenen Mengen.

MILCH, SAHNE & CO.
Auch Flüssigkeiten werden mit einem Esslöffel abgemessen. Normale Milch können Sie jederzeit durch Pflanzendrinks ersetzen, damit werden viele Mug Cakes im Handumdrehen vegan.

EIER
Verwenden Sie für die Kuchen am besten Eier der Größe M (53 – 63 g). Übrigens: Wenn Sie das ganze Ei verwenden, geht der Kuchen schön auf, wird allerdings beim Abkühlen auch rasch zäh. Bereiten Sie den Teig dagegen nur mit Eigelb zu, bekommt er eine kräftig gelbe Farbe, steigt nicht so stark in die Höhe und bleibt länger locker und saftig.

Mehl	1 EL = ca. 8 g
Kakaopulver	1 EL = ca 10 g
Zucker	1 EL = ca. 12 g
Honig	1 EL = ca. 15 g
Flüssigkeit (Milch, Kaffeesahne)	1 EL = ca. 10 ml

FRUCHTIG BUNT

Scheinwerferlicht an und Bühne frei für die köstlich duftenden, fluffig leichten Mug Cakes! Nebendarsteller in diesem Kapitel sind herrliche Früchte, orientalische Gewürze oder auch knackige Nüsse. Kommen Sie näher, kommen Sie ran und dann: rein ins Vergnügen!

OLLE KAMELLE

Jedes Jahr werden beim Faschingsumzug Bonbons gesammelt – und jedes Jahr bleiben welche in der Schublade liegen. Hier kommen die süßen »Leftovers« groß raus.

7 Karamellbonbons (ca. 35 g)
5 EL Sahne
½ Birne
2 EL Rapsöl
5 EL Mehl (ca. 40 g)
½ TL Backpulver

Karamellig lecker

Für 1 Becher
(mind. 300 ml Inhalt) |
10 Min. Zubereitung
Pro Becher ca. 635 kcal,
7 g EW, 40 g F, 63 g KH

1 Bonbons und Sahne in den Becher geben und in der Mikrowelle bei 600 Watt ca. 1 Min. erhitzen. Mit einer Gabel oder einem Mini-Schneebesen gut umrühren und den Karamell 1 – 2 Min. beiseitestellen, bis er weich wird. Den Becher wieder 30 Sek. in der Mikrowelle erwärmen und den Karamell erneut umrühren. Diesen Vorgang wiederholen, bis die Bonbons vollständig geschmolzen sind. Gut 1 EL Karamellsahne abnehmen und beiseitestellen.

2 Die Birne schälen, vierteln und das Kerngehäuse entfernen. Von einem Viertel längs eine Spalte abschneiden und beiseitelegen. Die restliche Birne in kleine Würfel schneiden.

3 Die Birnenwürfel mit dem Öl in den Becher geben und alles sorgfältig verquirlen. Das Mehl dazugeben und das Backpulver daraufstreuen. Zuerst das Backpulver leicht mit dem Mehl vermischen, dann alles zu einem glatten Teig verquirlen.

4 Den Becher in die Mikrowelle stellen und den Kuchen bei 600 Watt ca. 1 Min. 20 Sek. backen, bis die Oberfläche fest ist. Herausnehmen, den Kuchen mit der Birnenspalte dekorieren und mit der restlichen Karamellsahne beträufeln. Den Cake am besten wenige Minuten nach dem Backen oder noch warm genießen.

TIPP   Was, die Karamellbonbons sind schon aufgegessen? Dann ersetzen Sie Bonbons und Sahne durch 3 EL Karamellsauce aus dem Glas. Damit ist der Kuchen noch schneller fertig.

LADY MARMALADE

25 g Butter | 1 Ei (M) | 1 Pck. Bourbon-Vanille-zucker | 1 EL Zucker | 3 EL Milch (ersatzweise Kaffeesahne) | 5 EL Mehl (ca. 40 g) | ½ TL Back-pulver | 1 EL Erdbeerkonfitüre (siehe Tipp)

Wunderbar wandelbar

Für 1 Becher (mind. 300 ml Inhalt) |
10 Min. Zubereitung
Pro Becher ca. 565 kcal, 12 g EW, 28 g F, 66 g KH

1 Die Butter in den Becher geben und in der Mikrowelle bei 600 Watt in ca. 30 Sek. schmelzen lassen. Die geschmolzene Butter mit einer Gabel oder einem Mini-Schneebesen glatt rühren. Ei, Vanillezucker und Zucker zugeben und alles sorg-fältig verquirlen.

2 Die Milch unterrühren. Das Mehl in den Becher geben und das Backpulver daraufstreuen. Zuerst das Backpulver leicht mit dem Mehl vermischen, dann alles zu einem glatten Teig verquirlen. Die Erdbeerkonfitüre in der Mitte auf den Teig geben und leicht unterziehen.

3 Den Becher in die Mikrowelle stellen und den Kuchen bei 600 Watt ca. 1 Min. 30 Sek. backen, bis die Oberfläche fest ist. Herausnehmen und den Cake am besten wenige Minuten nach dem Backen oder noch warm genießen.

TIPP

Trotz des riesigen Angebots an Konfitüren gehört »Erdbeer« nach wie vor zu den bundes-weiten Favoriten. Wenn Ihr Herz für eine andere Sorte schlägt, krönen Sie den Kuchen doch damit. Am schönsten sieht der Cake mit roter Konfitüre aus, aber auch leicht säuerliche Orangenmarmelade passt gut.

EASY CHEESY

1 Ecke Sahne-Schmelzkäse (ca. 50 g) |
2 EL Speisequark (20 % Fett; ca. 50 g; siehe
Tipp) | 2 EL Zucker | 1 Ei (M) | 1 EL Himbeer-
konfitüre (ersatzweise andere Konfitüre
nach Geschmack)

Kleiner Zweikäsehoch

Für 1 Becher (mind. 250 ml Inhalt) |
10 Min. Zubereitung
Pro Becher ca. 410 kcal, 19 g EW, 20 g F, 39 g KH

1 Den Schmelzkäse in den Becher geben und in
der Mikrowelle bei 600 Watt in ca. 30 Sek. schmelzen lassen. Den Käse mit einer Gabel oder einem
Mini-Schneebesen glatt rühren. Dann nacheinander Quark, Zucker und Ei unterrühren.

2 Den Becher in die Mikrowelle stellen und den
Kuchen bei 600 Watt ca. 1 Min. backen. Danach
30 Sek. ruhen lassen, dann nochmals 1 Min. backen, bis die Oberfläche fest ist. Herausnehmen
und kurz abkühlen lassen (Vorsicht, der Kuchen
ist sehr heiß!).

3 Die Himbeerkonfitüre daraufgeben und den
Cake am besten wenige Minuten nach dem Backen
oder noch warm genießen.

TIPP

Der Quark muss zum Backen trocken sein,
sonst setzt sich die Feuchtigkeit ab und der
fertige Cake ist nicht gleichmäßig durchge-
backen. Gießen Sie also eventuell sichtbare
Flüssigkeit ab oder lassen Sie den Quark in
einem Sieb abtropfen. Auch die kurze Ruhezeit
beim Backen ist wichtig. Wird sie nicht einge-
halten, erhitzt sich die Masse im Becher zu
sehr und kann eventuell »explodieren«.

OMAS LIEBLING

1 Eigelb (M) | 2 EL Rapsöl | 2 EL Sahne | 2 EL Eierlikör |
2 EL Zucker | 1 EL gehackte Pistazien | 5 EL Mehl (ca. 40 g) |
½ TL Backpulver
Außerdem:
1 EL Eierlikör | 1 TL gehackte Pistazien

Schatz aus der Rezeptkiste

Für 1 Becher (mind. 250 ml Inhalt) | 10 Min. Zubereitung
Pro Becher ca. 640 kcal, 9 g EW, 36 g F, 63 g KH

1 Eigelb, Öl, Sahne und Eierlikör in den Becher geben und mit
einer Gabel oder einem Mini-Schneebesen gründlich verquirlen.

2 Zucker und Pistazien unterrühren. Das Mehl in den Becher
geben und das Backpulver daraufstreuen. Zuerst das Backpulver
leicht mit dem Mehl vermischen, dann alles sorgfältig zu einem
glatten Teig verquirlen.

3 Den Becher in die Mikrowelle stellen und den Kuchen bei
600 Watt ca. 1 Min. 20 Sek. backen, bis die Oberfläche fest ist.
Herausnehmen, den Cake mit dem Eierlikör beträufeln und mit
den Pistazien bestreuen. Am besten wenige Minuten nach dem
Backen oder noch warm genießen.

APPLE CRUMBLE

Diesen Mug Cake mag ich besonders gerne. Sein saftiger Apfelteig und seine
zarte Knusperkruste machen ihn einfach unwiderstehlich!

25 g Butter
3 EL Apfelmus (ca. 50 g)
¼ TL Zimtpulver
2 EL brauner Zucker
1 Ei (M)
3 EL Milch
5 – 6 EL lösliche Haferflocken
(Schmelzflocken; ca. 20 g)
¼ TL Backpulver
Für die Streusel:
1 EL kernige Haferflocken
1 EL brauner Zucker
¼ TL Zimtpulver

Mit viel Crunch

Für 1 Becher
(mind. 350 ml Inhalt) |
10 Min. Zubereitung
Pro Becher ca. 540 kcal,
10 g EW, 58 g KH, 30 g F

1 Die Butter in den Becher geben und in der Mikrowelle bei
600 Watt in ca. 30 Sek. schmelzen lassen. Die geschmolzene
Butter mit einer Gabel oder einem Mini-Schneebesen glatt
rühren. Apfelmus, Zimt, Zucker und Ei sorgfältig unterrühren.

2 Milch, Haferflocken und Backpulver in den Becher geben.
Alles zu einem glatten Teig verquirlen, bis sich die Haferflocken
fast vollständig aufgelöst haben.

3 Für die Streusel Haferflocken, Zucker und Zimt in einem kleinen Schälchen mischen. Den Flockenmix auf den Teig streuen
(alternativ Flocken, Zucker und Zimt nacheinander aufstreuen).

4 Den Becher in die Mikrowelle stellen und den Kuchen bei
600 Watt ca. 1 Min. 30 Sek. backen, bis die Oberfläche fest ist.
Herausnehmen und den Cake am besten wenige Minuten nach
dem Backen oder noch warm genießen.

TIPP

Apfelmus ist eine wunderbare Backzutat – nicht nur für Mug
Cakes. Das Mus macht Teige schön saftig und ersetzt bei
veganen Mug Cakes sogar das Eigelb (siehe Klappe hinten).
Beim Apple Crumble allerdings wird trotz Apfelmus 1 Ei in
den Teig gerührt. Damit geht der Tassenkuchen nämlich besonders schön auf.

GREEN CREAM

½ kleine reife Avocado (ca. 50 g Fruchtfleisch) |
2 EL brauner Zucker | 1 Eigelb (M) | 2 EL Limet-
tensaft | 1 Msp. abgeriebene Bio-Limetten-
schale | 5 EL Milch | 5 EL Mehl (ca. 40 g) |
½ TL Backpulver | grüne Zuckerstreusel
(nach Belieben)

Zergeht auf der Zunge

Für 1 Becher (mind. 300 ml Inhalt) |
10 Min. Zubereitung
Pro Becher ca. 395 kcal, 8 g EW, 16 g F, 55 g KH

1 Das Avocadofruchtfleisch aus der Schale heben. Mit dem Zucker in den Becher geben und mit
einer Gabel fein zerdrücken. Eigelb, Limettensaft,
-schale und Milch einrühren. Mehl in den Becher
geben und das Backpulver daraufstreuen. Mehl
und Backpulver leicht mischen, dann alles mit der
Gabel zu einem glatten Teig verquirlen.

2 Den Becher in die Mikrowelle stellen und den
Kuchen bei 600 Watt ca. 1 Min. 40 Sek. backen, bis
die Oberfläche fest ist. Herausnehmen und nach
Belieben mit Zuckerstreuseln dekorieren.

FLOTTE BIENE

25 g Butter | 1 Ei (M) | 3 ½ EL flüssiger Honig
(ca. 50 g) | 2 EL Kaffeesahne | 1 TL abgeriebene
Bio-Orangenschale | 5 EL Mehl (ca. 40 g) |
½ TL Backpulver | 2 Orangenfilets

Hit für Kids

Für 1 Becher (mind. 300 ml Inhalt) |
10 Min. Zubereitung
Pro Becher ca. 600 kcal, 12 g EW, 29 g F, 72 g KH

1 Die Butter in den Becher geben und in der
Mikrowelle bei 600 Watt in ca. 30 Sek. schmelzen
lassen. Mit einer Gabel oder einem Mini-Schneebesen glatt rühren. Ei, 3 EL Honig, Kaffeesahne und
Orangenschale unterrühren. Das Mehl in den Becher geben und das Backpulver daraufstreuen.
Zuerst das Backpulver leicht mit dem Mehl vermischen, dann alles zu einem glatten Teig verquirlen.

2 Den Becher in die Mikrowelle stellen und den
Kuchen bei 600 Watt ca. 1 Min. 30 Sek. backen, bis
die Oberfläche fest ist. Herausnehmen, den Cake
mit den Orangenfilets belegen und mit dem restlichen Honig beträufeln.

MÜSLI-MUG

25 g Butter | 2 EL Zucker | 1 Ei (M) | 3 EL Kokosmilch (ersatzweise Milch) | 2 EL Mehl (ca. 15 g) | ½ TL Backpulver | 6 EL Müslimischung (mit Kernen, Früchten und Nüssen)

Auf in den Tag

Für 1 Becher (mind. 300 ml Inhalt) |
10 Min. Zubereitung
Pro Becher ca. 645 kcal, 14 g EW, 35 g F, 67 g KH

1 Die Butter in den Becher geben und in der Mikrowelle bei 600 Watt in ca. 30 Sek. schmelzen lassen. Mit einer Gabel oder einem Mini-Schneebesen glatt rühren. Zucker, Ei und Kokosmilch sorgfältig unterrühren.

2 Das Mehl in den Becher geben und das Backpulver daraufstreuen. Zuerst das Backpulver leicht mit dem Mehl vermischen, dann alles zu einem glatten Teig verquirlen. 5 EL Müslimischung in den Teig rühren, das restliche Müsli auf den Teig streuen. Den Becher in die Mikrowelle stellen und den Kuchen bei 600 Watt ca. 1 Min. 20 Sek. backen, bis die Oberfläche fest ist.

SÜSSER MEXIKANER

30 g getrocknete Ananasstücke | 25 g Butter | 1 Ei (M) | 3 EL Agavendicksaft (ersatzweise Ahornsirup oder 2 EL flüssiger Honig und 1 EL Milch) | 5 EL Mehl (ca. 40 g) | ½ TL Backpulver | 1 EL gehackte Mandeln | ½ TL Zimtpulver

Schön aromatisch

Für 1 Becher (mind. 300 ml Inhalt) |
10 Min. Zubereitung
Pro Becher ca. 655 kcal, 13 g EW, 33 g F, 76 g KH

1 Die Ananas in kleine Würfel schneiden. Die Butter in den Becher geben und in der Mikrowelle bei 600 Watt in ca. 30 Sek. schmelzen lassen. Mit einer Gabel oder einem Mini-Schneebesen glatt rühren. Ei und Agavendicksaft unterrühren.

2 Die Ananaswürfel unter den Teig rühren. Mehl in den Becher geben und Backpulver daraufstreuen. Beides leicht vermischen, dann alles zu einem glatten Teig verquirlen. Mandeln und Zimt auf den Teig streuen. Den Becher in die Mikrowelle stellen, den Kuchen bei 600 Watt ca. 1 Min. 30 Sek. backen, bis die Oberfläche fest ist.

CARIBBEAN SUNSHINE

25 g Butter | 2 EL brauner Zucker | 1 Ei (M) |
2 EL Limettensirup | 3 EL Kokosraspel (ca. 15 g) |
5 EL Mehl (ca. 40 g) | ½ TL Backpulver
Außerdem:
2 EL Puderzucker | 1 Tropfen rote Speisefarbe

Für tropische Momente

Für 1 Becher (mind. 300 ml Inhalt) |
10 Min. Zubereitung
Pro Becher ca. 690 kcal, 12 g EW, 37 g F, 78 g KH

1 Die Butter in den Becher geben und in der
Mikrowelle bei 600 Watt in ca. 30 Sek. schmelzen
lassen. Die geschmolzene Butter mit einer Gabel
oder einem Mini-Schneebesen glatt rühren. Zucker,
Ei, Limettensirup und Kokosraspel unterrühren.

2 Das Mehl in den Becher geben und das Backpulver daraufstreuen. Zuerst Backpulver und Mehl
leicht vermischen, dann alles zu einem glatten Teig
verrühren. Den Becher in die Mikrowelle stellen
und den Kuchen bei 600 Watt ca. 1 Min. 20 Sek.
backen, bis die Oberfläche fest ist.

3 Den Puderzucker in einer Tasse mit der Speise-
farbe und einigen Tropfen Wasser zu einem dick-
flüssigen Guss verrühren. Den Cake mit dem Guss
beträufeln und am besten wenige Minuten nach
dem Backen oder noch warm genießen.

TIPP

Abwechslung gefällig? Statt mit Zuckerguss
kröne ich diesen Mug Cake auch gerne mit ein
paar Löffeln exotischem Obstsalat aus Ananas,
Banane, Kiwi und Mango.

BANANABOAT

mehr Zucker

25 g Butter | 1 Pck. Bourbon-Vanillezucker |
½ Banane | 1 Ei (M) | 5 EL Mehl (ca. 40 g) |
½ TL Backpulver | 2 TL Mandelblättchen
Außerdem:
1 EL Dekor-Creme Schokolade (aus der Tube)

Macht sofort gute Laune!

Für 1 Becher (mind. 300 ml Inhalt) |
10 Min. Zubereitung
Pro Becher ca. 540 kcal, 13 g EW, 30 g F, 53 g KH

1 Die Butter in den Becher geben und in der Mikrowelle bei 600 Watt in ca. 30 Sek. schmelzen lassen. Die geschmolzene Butter mit einer Gabel oder einem Mini-Schneebesen glatt rühren. Den Vanillezucker unterrühren.

2 Die Banane schälen und das Fruchtfleisch grob zerdrücken. Die Bananenmasse gut mit der Butter verquirlen, sie sollte jedoch leicht stückig bleiben. Das Ei zugeben und alles sorgfältig verrühren. Das Mehl in den Becher geben und das Backpulver daraufstreuen. Zuerst das Backpulver leicht mit dem Mehl vermischen, dann alles zu einem glatten Teig verrühren. Die Mandeln auf den Teig streuen.

3 Den Becher in die Mikrowelle stellen und den Kuchen bei 600 Watt ca. 1 Min. 30 Sek. backen, bis die Oberfläche fest ist. Herausnehmen und die Dekor-Creme in Tupfen aufspritzen. Den Cake am besten wenige Minuten nach dem Backen oder noch warm genießen.

TIPP

Im Supermarkt gibt es immer häufiger die besonders aromatischen Mini-Bananen. Bereiten Sie den Cake mal mit 2 Mini-Bananen zu – und machen Sie den Geschmackstest!

SCHOKOLADIG LECKER

Manchmal muss es für mich einfach ein Seelentröster sein ... Dann backe
ich einen Mug Cake mit viel Schokolade im Teig. Warm und weich direkt
aus dem Becher gelöffelt stellt sich bei Double Schokoschock oder
Trüffeltraum meine gute Laune auch gleich wieder ein.

BIRNE HELENE

1 kleine oder ½ große Birne (ca. 120 g) |
2 EL Birnendicksaft | 2 EL Rapsöl | 2 EL Milch
(ersatzweise Kaffeesahne) | 1 Prise Zimtpulver |
1 Eigelb (M) | 5 EL Mehl (ca. 40 g) | ½ TL Back-
pulver | 2 EL backfeste Schokoladentropfen
oder -stücke
Außerdem:
1 – 2 EL Schokoladensauce (siehe S. 64)

Perfekte Harmonie

Für 1 Becher (mind. 300 ml Inhalt) |
10 Min. Zubereitung
Pro Becher ca. 655 kcal, 7 g EW, 30 g F, 66 g KH

1 Die Birne schälen, das Kerngehäuse entfernen
und das Fruchtfleisch raspeln oder in kleine Würfel
schneiden. Die Birnenraspel oder -würfel mit dem
Birnendicksaft in den Becher geben und in der
Mikrowelle bei 600 Watt ca. 40 Sek. erhitzen.

2 Öl, Milch und Zimtpulver zugeben und alles mit
einer Gabel oder einem Mini-Schneebesen gründlich verquirlen. Das Eigelb unterziehen.

3 Das Mehl in den Becher geben und das Backpulver daraufstreuen. Zuerst das Backpulver leicht
mit dem Mehl vermischen, dann alles zu einem
glatten Teig verquirlen. Zuletzt die Schokoladentropfen oder -stücke unterrühren.

4 Den Becher in die Mikrowelle stellen und den
Kuchen bei 600 Watt ca. 1 Min. 20 Sek. backen,
bis die Oberfläche fest ist. Herausnehmen und den
Cake mit der Schokoladensauce beträufeln. Den
Cake am besten wenige Minuten nach dem Backen
oder noch warm genießen.

TRÜFFELTRAUM

20 g Mokkaschokolade (ca. 5 Stücke) | 25 g Butter | 2 EL Zucker | 3 EL Crème double | 1 Ei (M) |
1 EL Haselnusskrokant | 1 EL brauner Rum |
1 EL backfeste Schokoladentropfen oder
-stücke | 5 EL Mehl (ca. 40 g) | ½ TL Backpulver
Außerdem:
Trinkschokoladenpulver zum Bestäuben |
1 Trüffelkugel (nach Belieben)

Mit Nuss und Schuss

Für 1 Becher (mind. 300 ml Inhalt) |
10 Min. Zubereitung
Pro Becher ca. 855 kcal, 14 g EW, 38 g F, 78 g KH

1 Die Schokolade in Stücke brechen. Mit der Butter in den Becher geben und in der Mikrowelle bei 600 Watt in ca. 30 Sek. schmelzen lassen. Mit einer Gabel oder einem Mini-Schneebesen glatt rühren. Bei Bedarf wiederholen.

2 Zucker, Crème double, Ei und Krokant zugeben und sorgfältig mit der Schokobutter verrühren. Anschließend den Rum und die Schokoladentropfen oder -stücke unterziehen.

3 Das Mehl in den Becher geben und das Backpulver daraufstreuen. Zuerst das Backpulver leicht mit dem Mehl vermischen, dann alles zu einem glatten Teig verquirlen.

4 Den Becher in die Mikrowelle stellen und den Kuchen bei 600 Watt ca. 1 Min. 30 Sek. backen, bis die Oberfläche fest ist. Herausnehmen, den Cake mit Schokoladenpulver bestäuben und nach Belieben die Trüffelkugel darauflegen. Wenige Minuten nach dem Backen oder noch warm genießen.

BLACK & WHITE

20 g Butter | 10 g weiße Schokolade (ca. 2 ½ Stücke) |
2 EL Zucker | 1 EL Bourbon-Vanillezucker | 1 Ei (M) | 3 EL Milch
(ersatzweise Kaffeesahne) | 5 EL Mehl (ca. 40 g) | ½ TL Back-
pulver | 2 EL dunkle Schokoladensauce (siehe S. 64)

Genuss pur

Für 1 Becher (mind. 250 ml Inhalt) | 10 Min. Zubereitung
Pro Becher ca. 610 kcal, 13 g EW, 28 g F, 77 g KH

1 Butter und Schokolade in den Becher geben und in der
Mikrowelle bei 600 Watt in ca. 30 Sek. schmelzen lassen. Die
Schokobutter mit einer Gabel oder einem Mini-Schneebesen
glatt rühren. Zucker, Vanillezucker und Ei unterrühren. Die Milch
in den Becher gießen. Das Mehl hineingeben und das Backpulver daraufstreuen. Backpulver und Mehl leicht vermischen, dann
alles sorgfältig zu einem glatten Teig verquirlen.

2 Die Schokoladensauce in der Mitte auf den Teig geben und
mit der Gabel oder einem Holzspieß leicht spiralförmig unterziehen. Den Becher in die Mikrowelle stellen und den Kuchen
bei 600 Watt ca. 1 Min. 30 Sek. backen, bis die Oberfläche
fest ist. Herausnehmen und am besten wenige Minuten
nach dem Backen oder noch warm genießen.

CAFFÈ LATTE

25 g Butter | 4 EL Milch (ersatzweise Kaffee-sahne) | 1 EL Instant-Kaffeepulver | 1 TL Trink-schokoladenpulver | 3 EL Zucker | 1 Prise Salz | 5 EL Mehl (ca. 40 g) | ½ TL Backpulver

Trendgetränk im Becherglas

Für 1 Becher (mind. 250 ml Inhalt) |
10 Min. Zubereitung
Pro Becher ca. 510 kcal, 7 g EW, 24 g F, 67 g KH

1 Die Butter in den Becher geben und in der Mikrowelle bei 600 Watt in ca. 30 Sek. schmelzen lassen. Mit einer Gabel oder einem Mini-Schnee-besen glatt rühren. Milch, Kaffee- und Schokola-denpulver unterrühren und alles nochmals 30 Sek. in der Mikrowelle erhitzen.

2 Die Kaffeemasse gut verrühren, Zucker und Salz einrühren. Das Mehl in den Becher geben und das Backpulver daraufstreuen. Mehl und Backpulver leicht vermischen, dann alles sorgfältig zu einem glatten Teig verquirlen. Den Becher in die Mikro-welle stellen und den Kuchen bei 600 Watt ca. 1 Min. 20 Sek. backen.

CHOCOLATE FUDGE

5 EL Mehl (ca. 40 g) | 4 EL Zucker | 1 EL Kakao-pulver (ca. 10 g) | ¼ TL Backpulver |
1 Prise Salz | 1 EL Rapsöl | 2 TL Apfelessig |
¼ TL gemahlene Vanille

Im Schokohimmel

Für 1 Becher (mind. 300 ml Inhalt) |
10 Min. Zubereitung
Pro Becher ca. 460 kcal, 6 g EW, 13 g F, 80 g KH

1 Mehl, Zucker, Kakaopulver und Backpulver mit dem Salz in den Becher geben und gut vermi-schen. Öl, Essig, Vanille und 4 EL Wasser zufügen und alles mit einer Gabel oder einem Mini-Schnee-besen zu einem glatten Teig verquirlen.

2 Den Becher in die Mikrowelle stellen und den Kuchen bei 600 Watt ca. 1 Min. 50 Sek. backen, bis die Oberfläche fest ist. Herausnehmen und kurz abkühlen lassen. Den Cake am besten noch warm genießen, beim Abkühlen wird er rasch zäh.

NUGATKÜSSCHEN

25 g Butter | 2 EL Nussnugatcreme | 2 EL Zucker | 1 Ei (M) | 5 EL Mehl (ca. 40 g) | ½ TL Backpulver | 1 TL backfeste Schokoladentropfen oder -stücke | 1 EL bunte Zuckerstreusel

Für Schleckermäulchen

Für 1 Becher (mind. 300 ml Inhalt) |
10 Min. Zubereitung
Pro Becher ca. 785 kcal, 14 g EW, 41 g F, 90 g KH

1 Die Butter in den Becher geben und in der Mikrowelle bei 600 Watt in ca. 30 Sek schmelzen lassen. Die Nussnugatcreme zugeben und nochmals 30 Sek. erhitzen. Die Nugatbutter mit einer Gabel oder einem Mini-Schneebesen glatt rühren.

2 Zucker und Ei zugeben und alles gründlich verrühren. Das Mehl in den Becher geben und das Backpulver daraufstreuen. Mehl und Backpulver leicht vermischen, dann alles zu einem glatten Teig verquirlen. Zuletzt die Schokoladentropfen oder -stücke und Zuckerstreusel auf den Teig streuen. Den Becher in die Mikrowelle stellen und den Kuchen bei 600 Watt ca. 1 Min. 30 Sek. backen.

BLONDIE

15 g Butter | 20 g weiße Schokolade (ca. 5 Stücke) | 1 EL gehackte Mandeln | 2 EL Zucker | 3 EL Sahne | 1 Ei (M) | 3 EL Mehl (ca. 25 g) | 2 EL Speisestärke (ca. 20 g) | ½ TL Backpulver
Außerdem:
Puderzucker zum Bestäuben (nach Belieben)

Weißer Traum

Für 1 Becher (mind. 300 ml Inhalt) |
10 Min. Zubereitung
Pro Becher ca. 720 kcal, 14 g EW, 40 g F, 77 g KH

1 Butter, Schokolade und Mandeln in den Becher geben und in der Mikrowelle bei 600 Watt in ca. 1 Min. schmelzen lassen. Die Masse mit einer Gabel oder einem Mini-Schneebesen glatt rühren.

2 Zucker, Sahne und Ei einrühren. Mehl, Stärke und Backpulver in den Becher geben. Mischen, dann alles zu einem glatten Teig verquirlen. Den Becher in die Mikrowelle stellen und den Kuchen bei 600 Watt ca. 1 Min. 20 Sek. backen, bis die Oberfläche fest ist. Herausnehmen und den Cake nach Belieben mit Puderzucker bestäuben.

DOUBLE SCHOKOSCHOCK

Schokoholics aufgepasst! Dieser Mug Cake verwöhnt mit viel Schokolade im Teig und obendrauf. Da bleiben garantiert keine Wünsche offen.

20 g Zartbitterschokolade
(ca. 5 Stücke)
25 g Butter
2 EL Zucker
3 EL Milch (ersatzweise Kaffeesahne)
1 Ei (M)
5 EL Mehl (ca. 40 g)
½ TL Backpulver
Für das Topping:
12 g Zartbitterschokolade
(ca. 3 Stücke)
2 EL Milch (ersatzweise Kaffeesahne)
Deko-Schokostücke oder Schokoröllchen
(nach Belieben)

Hot Love

Für 1 Becher
(mind. 300 ml Inhalt) |
10 Min. Zubereitung
Pro Becher ca. 700 kcal,
15 g EW, 42 g F, 66 g KH

1 Die Schokolade in Stücke brechen. Mit der Butter in den Becher geben und in der Mikrowelle bei 600 Watt in ca. 30 Sek. schmelzen lassen. Die Schokobutter mit einer Gabel oder einem Mini-Schneebesen glatt rühren.

2 Zucker und Milch unterrühren. Das Ei zugeben und alles sorgfältig verquirlen. Das Mehl in den Becher geben und das Backpulver daraufstreuen. Zuerst das Backpulver leicht mit dem Mehl vermischen, dann alles zu einem glatten Teig verquirlen.

3 Den Becher in die Mikrowelle stellen und den Kuchen bei 600 Watt ca. 1 Min. 30 Sek. backen, bis die Oberfläche fest ist. Den Cake danach herausnehmen.

4 Für das Topping Schokolade und Milch in einen zweiten Becher geben und in der Mikrowelle bei 600 Watt in ca. 20 Sek. schmelzen lassen. Die Sauce gut durchrühren und auf den fertigen Cake träufeln. Den Cake nach Belieben noch mit Deko-Schokostücken oder Schokoröllchen belegen und am besten wenige Minuten nach dem Backen oder noch warm genießen.

TIPP

Das Double verwandelt sich blitzschnell in ein Triple. Dafür rühre ich zusätzlich 1 EL Schokoladenraspel oder Schokostreusel in den Teig. Noch besser eignen sich backfeste Schokostücke oder -tropfen, denn die bleiben im fertigen Kuchen erhalten – und schmelzen zart auf der Zunge.

FIRE & ICE

40 g Raspelschokolade (Vollmilch oder Zartbitter) | 4 EL Milch | 5 EL Mehl (ca. 40 g) | ½ TL Backpulver | 1 Prise getrocknete Chiliflocken | 1 Kugel Vanilleeis

Scharfer Trendsetter

Für 1 Becher (mind. 250 ml Inhalt) | 10 Min. Zubereitung
Pro Becher ca. 420 kcal, 8 g EW, 17 g F, 51 g KH

1 Von der Raspelschokolade knapp 1 TL abnehmen und beiseitestellen. Die übrigen Raspel mit der Milch in den Becher geben. Den Becher in die Mikrowelle stellen und bei 600 Watt ca. 30 Sek. erhitzen. Schokolade und Milch mit einer Gabel oder einem Mini-Schneebesen verquirlen, bis die Schokolade geschmolzen und glatt ist.

2 Das Mehl in den Becher geben und Backpulver und Chiliflocken daraufstreuen. Zuerst Backpulver und Chili leicht mit dem Mehl vermischen, dann alles zu einem glatten Teig verquirlen. Die restlichen Schokoraspel auf den Teig streuen.

3 Den Becher in die Mikrowelle stellen und den Kuchen bei 600 Watt ca. 1 Min. 10 Sek. backen, bis die Oberfläche fest ist. Herausnehmen, die Eiskugel aufsetzen und den Cake wenige Minuten nach dem Backen oder noch warm genießen.

FEIN GEKRÖNT

Sie mögen es lieber schön verziert statt schlicht und einfach? Dann werden Sie
die Mug Cakes in diesem Kapitel ganz besonders lieben. Jeder einzelne trägt nämlich
ein feines Topping-Krönchen – so aufgehübscht stehlen Golden Girl & Co.
den bisherigen Becherkuchen glatt die Show!

OSTERHÄSCHENS LIEBLING

Ich liebe Möhrenkuchen, die sind wunderbar leicht und luftig. So entstand auch die Idee
für diesen Mug Cake, der natürlich das ganze Jahr über super schmeckt.

1 Stück Möhre (ca. 50 g)
2 EL Rapsöl
1 Ei (M)
2 EL Apfeldicksaft (ersatzweise
1 EL flüssiger Honig)
5 EL gemahlene Mandeln
(ca. 25 g)
½ TL Backpulver
1 EL gehackte Mandeln
Für das Topping:
2 EL Doppelrahm-Frischkäse
(ca. 30 g)
1 EL Puderzucker
1 Marzipan- oder Fondant-
möhre
2 TL gehackte Pistazien

Ohne Mehl gebacken

Für 1 Becher
(mind. 300 ml Inhalt) |
10 Min. Zubereitung
Pro Becher ca. 675 kcal,
21 g EW, 52 g F, 31 g KH

1 Die Möhre dünn schälen, fein raspeln und 4 EL abmessen. Die
Möhrenraspel in den Becher geben und in der Mikrowelle bei
600 Watt ca. 30 Sek. garen.

2 Öl, Ei und Apfeldicksaft zu den Möhren geben und alles mit
einer Gabel oder einem Mini-Schneebesen gründlich verrühren.
Die gemahlenen Mandeln in den Becher geben und das Backpulver daraufstreuen. Zuerst das Backpulver mit den Mandeln
vermischen, dann alles sorgfältig zu einem glatten Teig verquirlen. Zuletzt die gehackten Mandeln unterrühren.

3 Den Becher in die Mikrowelle stellen und den Kuchen bei
600 Watt ca. 1 Min. 20 Sek. backen, bis die Oberfläche fest ist.
Herausnehmen und kurz abkühlen lassen.

4 Für das Topping Frischkäse und Puderzucker glatt rühren. Die
Creme auf den Kuchen häufen, die Marzipanmöhre darauflegen
und mit den gehackten Pistazien bestreuen. Den Cake am besten
wenige Minuten nach dem Backen oder noch warm genießen.

TIPP

Herzhafter schmeckt das Möhrenküchlein mit gemahlenen
und gehackten Haselnüssen (oder Haselnusskrokant) statt
mit Mandeln. Dieser Mug Cake in ein feiner Genuss für alle,
die sich glutenfrei ernähren müssen.

ADVENTSZAUBER

3 EL Apfelmus (ca. 50 g) | 1 EL Kaffeesahne |
2 EL Rapsöl | 3 EL Rotwein | 2 EL Zucker |
½ TL abgeriebene Bio-Orangenschale |
½ TL Glühweingewürz (ersatzweise je 1 Msp.
Zimt- und Nelkenpulver) | 5 EL Mehl (ca. 40 g) |
½ TL Backpulver
Für das Topping:
1 kleine Mandarine | 40 g Mascarpone |
1 EL Zucker | ½ TL Zimtpulver

Glühwein zum Löffeln

Für 1 Becher (mind. 300 ml Inhalt) |
10 Min. Zubereitung
Pro Becher ca. 735 kcal, 7 g EW, 41 g F, 82 g KH

1 Apfelmus, Kaffeesahne, Öl, Wein und Zucker im
Becher mischen. Orangenschale und Glühweingewürz zugeben und alles mit einer Gabel oder
einem Mini-Schneebesen gründlich verquirlen.

2 Das Mehl in den Becher geben und das Backpulver daraufstreuen. Zuerst das Backpulver leicht
mit dem Mehl vermischen, dann alles sorgfältig zu
einem glatten Teig verquirlen.

3 Den Becher in die Mikrowelle stellen und den
Kuchen bei 600 Watt ca. 1 Min. 30 Sek. backen, bis
die Oberfläche fest ist. Herausnehmen und den
Cake kurz abkühlen lassen.

4 Für das Topping die Mandarine schälen und in
Spalten teilen. Die Spalten auf dem Cake verteilen,
dabei 1 Spalte beiseitelegen. Mascarpone, Zucker
und Zimt verrühren. Die Creme auf die Mandarinen
häufen und mit der restlichen Mandarinenspalte
dekorieren. Den Cake am besten wenige Minuten
nach dem Backen oder noch warm genießen.

WHITE CHRISTMAS

3 EL Zucker | 1 EL Zitronat (ersatzweise Oran-
geat) | 1 EL Sultaninen | 1 EL gehackte Mandeln |
1 TL Lebkuchengewürz | 2 EL Rapsöl | 3 EL Milch
(ersatzweise Kaffeesahne) | 5 EL Mehl
(ca. 40 g) | ½ TL Backpulver
Für das Topping:
1½ EL weiche Butter | 2 EL Puderzucker |
2 EL Doppelrahm-Frischkäse (ca. 30 g) |
Puderzucker zum Bestreuen

Für die Weihnachtszeit

Für 1 Becher (mind. 250 ml Inhalt) |
10 Min. Zubereitung
Pro Becher ca. 805 kcal, 12 g EW, 42 g F, 96 g KH

1 Zucker, Zitronat, Sultaninen, Mandeln und Lebkuchengewürz im Becher mischen. Öl und Milch
dazugießen und alles mit einer Gabel oder einem
Mini-Schneebesen gründlich verquirlen.

2 Das Mehl in den Becher geben und das Backpulver daraufstreuen. Zuerst das Backpulver leicht
mit dem Mehl vermischen, dann alles sorgfältig zu
einem glatten Teig verquirlen. Den Becher in die
Mikrowelle stellen und den Kuchen bei 600 Watt
ca. 1 Min. 10 Sek. backen, bis die Oberfläche fest
ist. Herausnehmen und kurz abkühlen lassen.

3 Für das Topping Butter, Puderzucker und Frischkäse verrühren. Die Creme auf den Kuchen häufen
und diesen dick mit Puderzucker bestäuben. Den
Cake am besten wenige Minuten nach dem Backen
oder noch warm genießen.

TIPP

In der Weihnachtszeit verwöhne ich mich gerne
mit diesem Mug Cake – eine willkommene
Abwechslung zum klassischen Lebkuchen.

MUG CAKE MIT KICK

Zugegeben, dieser Mug Cake ist ein Angriff auf die schlanke Linie! Dafür ist er zum Schwelgen, Auslöffeln und Genießen … Glückshormone garantiert.

15 g weiße Schokolade (ca. 4 Stücke)
15 g Butter
3 EL Milch (ersatzweise Kaffeesahne)
3 EL Zucker
1 EL Mohnsamen
1 Ei (M)
1 EL Marzipanrohmasse (ca. 10 g)
1–2 EL backfeste Schokostücke oder -tropfen (ca. 10 g)
5 EL Mehl (ca. 40 g)
½ TL Backpulver

Für das Topping:
2 EL Mascarpone
1 TL Puderzucker
1 TL Mandellikör (z. B. Amaretto; ersatzweise 2 Tropfen Bittermandelaroma)
1 Physalis
1 TL Mandelblättchen

Süße Mittagspause

Für 1 Becher (mind. 300 ml Inhalt) |
10 Min. Zubereitung
Pro Becher ca. 920 kcal,
18 g EW, 53 g F, 93 g KH

1 Die Schokolade grob hacken. Mit der Butter in den Becher geben und in der Mikrowelle bei 600 Watt in ca. 30 Sek. schmelzen lassen. Verrühren und bei Bedarf wiederholen, bis die Schokolade vollständig geschmolzen ist.

2 Die Schokobutter mit einer Gabel oder einem Mini-Schneebesen glatt rühren. Milch und Zucker unterrühren. Mohn und Ei zugeben und alles gründlich verquirlen.

3 Die Marzipanrohmasse mit den Fingern zerbröseln oder mit einem Messer hacken. Brösel mit den Schokostücken oder -tropfen unter den Teig rühren. Das Mehl in den Becher geben und das Backpulver daraufstreuen. Zuerst das Backpulver mit dem Mehl vermischen, dann alles zu einem glatten Teig verquirlen.

4 Den Becher in die Mikrowelle stellen und den Kuchen bei 600 Watt ca. 1 Min. 30 Sek. backen, bis die Oberfläche fest ist. Herausnehmen und kurz abkühlen lassen.

5 Für das Topping Mascarpone, Puderzucker und Mandellikör in einer Schüssel cremig rühren. Die Physalis öffnen. Die Creme auf den Kuchen häufen, die Mandelblättchen daraufstreuen und die Physalis daraufsetzen. Den Cake am besten wenige Minuten nach dem Backen oder noch warm genießen.

TIPP

Marzipanrohmasse finden Sie im Supermarkt bei den Backzutaten. Ebenso gut können Sie ein Stück Marzipankonfekt, eine Marzipankartoffel oder eine Marzipanfigur verwenden.

NEW YORK CHEESECAKE

Ich liebe New York, und ich liebe Käsekuchen. Deshalb habe ich diesen Mug Cake kreiert, als schnelle Alternative zum amerikanischen Original. Unbedingt probieren!

2 Scheiben Zwieback (20 g)
15 g Butter
100 g Doppelrahm-Frischkäse
1 Ei (M)
30 g Zucker
1 TL abgeriebene Bio-
Zitronenschale
Für das Topping:
2 EL Doppelrahm-Frischkäse
(ca. 30 g)
½ TL abgeriebene Bio-
Zitronenschale
2 EL Johannisbeergelee

Der Klassiker mal anders

Für 1 Becher
(mind. 300 ml Inhalt) |
10 Min. Zubereitung
Pro Becher ca. 845 kcal,
16 g EW, 53 g F, 75 g KH

1 Die Zwiebackscheiben mit den Fingern fein zerbröseln und in den Becher streuen. Die Butter in Flöckchen daraufsetzen und alles in der Mikrowelle bei 600 Watt ca. 1 Min. erhitzen.

2 Frischkäse, Ei, Zucker und Zitronenschale in einer Schüssel cremig rühren. Die Creme vorsichtig in den Becher schichten. Dabei darauf achten, dass sich die Creme nicht mit dem Zwiebackboden vermischt.

3 Den Becher in die Mikrowelle stellen und den Kuchen bei 600 Watt ca. 1 Min. backen. Herausnehmen und 30 Sek. ruhen lassen. Den Kuchen dann nochmals 1 Min. in der Mikrowelle backen, bis die Oberfläche fest ist. Dabei steigt ein Teil der Zwiebackbrösel an die Oberfläche und ein Teil bleibt am Becherboden. Herausnehmen und kurz abkühlen lassen.

4 Für das Topping Frischkäse und Zitronenschale verrühren. Das Johannisbeergelee locker unterziehen und die Creme so leicht marmorieren. Die Frischkäsecreme auf den Cheesecake häufen.

TIPP   Der New York Cheesecake bleibt beim Abkühlen perfekt in Form und schmeckt auch kalt saftig und lecker. Man kann ihn also prima vorbereiten.

BLUEBERRY HILL

6 Heidelbeeren (Blaubeeren) | 3 EL Mehl (25 g) |
2 EL Zucker | ¼ TL Backpulver | 1 EL Rapsöl |
2 EL Schmand (24 % Fett) | 2 EL Kaffeesahne
(ersatzweise Milch) | 1 EL Zitronensaft
Für das Topping:
6 Heidelbeeren (Blaubeeren) | 1 EL Schmand |
1 EL Puderzucker | 1 TL Haselnusskrokant

Leckeres Früchtchen

Für 1 Becher (mind. 220 ml Inhalt) |
10 Min. Zubereitung
Pro Becher ca. 415 kcal, 4 g EW, 20 g F, 52 g KH

1 Die Heidelbeeren waschen und trocken tupfen.
Mehl, Zucker und Backpulver im Becher mischen.
Öl, Schmand, Kaffeesahne und Zitronensaft zuge-
ben und alles mit einer Gabel oder einem Mini-
Schneebesen gründlich verquirlen. Die Heidel-
beeren unter den Teig heben.

2 Den Becher in die Mikrowelle stellen und den
Kuchen bei 600 Watt ca. 1 Min. 20 Sek. backen, bis
die Oberfläche fest ist. Herausnehmen und den
Cake kurz abkühlen lassen.

3 Für das Topping die Heidelbeeren waschen und
trocken tupfen. Schmand, Puderzucker und 3 Beeren in einer Schüssel kräftig verrühren, bis sich die
Creme bläulich färbt. Die Creme auf den Kuchen
häufen, mit Krokant bestreuen und mit den restlichen Beeren belegen. Den Cake wenige Minuten
nach dem Backen oder noch warm genießen.

TIPP

Dieser fruchtige Becherkuchen ist einer meiner
Lieblinge! Außerhalb der Heidelbeersaison
bereite ich ihn auch gerne mal mit Himbeeren
oder kleinen Erdbeeren zu.

SCHWARZWÄLDER KIRSCH

25 g Butter | 1 Pck. Bourbon-Vanillezucker |
2 EL Zucker | 1 Ei (M) | 2 EL Kakaopulver |
1 EL Kirschwasser | 1 EL Kaffeesahne | 5 EL Mehl
(ca. 40 g) | ½ TL Backpulver
Für das Topping:
4 – 5 Kirschen (ersatzweise aus dem Glas) |
1 EL Kirschwasser | 3 EL geschlagene Sahne |
1 EL Schokoladensauce (siehe S. 64)

Mit leichtem Schwips

Für 1 Becher (mind. 300 ml Inhalt) |
10 Min. Zubereitung
Pro Becher ca. 800 kcal, 15 g EW, 41 g F, 75 g KH

1 Die Butter in den Becher geben und in der
Mikrowelle bei 600 Watt in ca. 30 Sek. schmelzen
lassen. Die geschmolzene Butter mit einer Gabel
oder einem Mini-Schneebesen glatt rühren. Den
Vanillezucker und Zucker mit dem Ei verrühren.

2 Kakaopulver, Kirschwasser und Kaffeesahne
sorgfältig untermischen. Das Mehl in den Becher
geben und das Backpulver daraufstreuen. Mehl
und Backpulver leicht vermischen, dann alles zu
einem glatten Teig verquirlen. Den Becher in die
Mikrowelle stellen und den Kuchen bei 600 Watt
ca. 1 Min. 20 Sek. backen, bis die Oberfläche fest
ist. Herausnehmen und kurz abkühlen lassen.

3 Inzwischen für das Topping die Kirschen waschen, entstielen und entsteinen. Die Kirschen aus
dem Glas abtropfen lassen. Die Früchte im Kirschwasser wenden und kurz ziehen lassen. Schlag-
sahne auf den Kuchen häufen, mit den marinierten
Kirschen belegen und mit Schokoladensauce beträufeln. Den Cake am besten wenige Minuten
nach dem Backen oder noch warm genießen.

GOLDEN GIRL

Sie möchten Ihrer Teenie-Tochter oder einer lieben Kollegin blitzschnell einen kleinen
Geburtstagskuchen backen? Dann sind Sie hier goldrichtig!

2 EL Rapsöl
1 Eigelb (M)
2 EL Puderzucker
3 EL Milch (ersatzweise
Kaffeesahne)
1 TL Apfelessig
abgeriebene Schale von
½ Bio-Orange
5 EL Mehl (ca. 40 g)
½ TL Backpulver
Für das Topping:
1 Eiweiß
50 g Zucker
20 g Puderzucker
goldene Zuckerperlen
Zesten von ½ Bio-Orange
(nach Belieben)
Außerdem:
Flambierbrenner

Nichts für Diätphasen

Für 1 Becher
(mind. 250 ml Inhalt) |
10 Min. Zubereitung
Pro Becher ca. 680 kcal,
7 g EW, 23 g F, 112 g KH

1 Für den Kuchen Öl, Eigelb, Puderzucker, Milch, Apfelessig und Orangenschale in den Becher geben. Alles mit einer Gabel oder einem Mini-Schneebesen sorgfältig verquirlen.

2 Das Mehl in den Becher geben und das Backpulver daraufstreuen. Zuerst das Backpulver leicht mit dem Mehl vermischen, dann alles zu einem glatten Teig verquirlen. Den Becher in die Mikrowelle stellen und den Kuchen bei 600 Watt ca. 1 Min. 20 Sek. backen, bis die Oberfläche fest ist. Herausnehmen und den Cake kurz abkühlen lassen.

3 Inzwischen für das Topping das Eiweiß mit dem Handrührgerät zu steifem Schnee schlagen. Dabei nach und nach den Zucker einrieseln lassen. Die Masse weiter aufschlagen, bis der Eischnee schnittfest ist und seidig glänzt. Den Puderzucker daraufsieben und locker unter den Eischnee heben.

4 Die Hälfte des Eischnees auf den Kuchen häufen und mit einem Messer zu einem Häubchen formen. (Den restlichen Eischnee anderweitig verwenden.) Den Eischnee mit dem Flambierbrenner goldgelb bräunen und mit Zuckerperlen und nach Belieben mit Orangenzesten dekorieren. Den Cake am besten wenige Minuten nach dem Backen oder noch warm genießen.

TIPP

Sie brauchen nur die Hälfte des Eischnees, aber eine kleinere Menge lässt sich kaum aufschlagen. Den übrigen süßen Schnee können Sie für einen zweiten Mug Cake verwenden. Das kann auch am Folgetag sein, denn gut abgedeckt bleibt der Eischnee im Kühlschrank frisch. Oder Sie häufen statt Eischnee 1 Handvoll Marshmallows auf den Cake und bräunen sie mit dem Flambierbrenner goldgelb.

DEFTIG PIKANT

Niemand sagt, dass Kuchen süß sein müssen! Auch würzige Mug Cakes sind ein herrlicher Snack zwischendurch. Ob Mug Lorraine oder Canned Tuna – die salzigen Zutaten werden ebenfalls direkt im Becher gemixt und gebacken, damit sie im Handumdrehen auf dem Tisch stehen. Wer hat gerade Appetit?

FEURIGER VEGGIE

50 g Räuchertofu | 1 Ei (M) | 4 EL Pflanzendrink (z. B. Reis-Kokos) | 1 EL Kokosnusspulver (im Beutel; aus dem Feinkostregal) | ½ TL gehackter Knoblauch | 5 EL Kichererbsenmehl (ca. 30 g) | ½ TL Backpulver | Salz | Pfeffer | ¼ TL Ras el-Hanout (marokkanische Gewürzmischung; ersatzweise Currypulver)

Glutenfreier Genuss

Für 1 Becher (mind. 300 ml Inhalt) |
10 Min. Zubereitung
Pro Becher ca. 325 kcal, 23 g EW, 16 g F, 22 g KH

1 Den Räuchertofu in kleine Würfel schneiden. Die Würfelchen mit dem Ei in den Becher geben. Pflanzendrink, Kokosnusspulver und Knoblauch zugeben und alles mit einer Gabel oder einem Mini-Schneebesen sorgfältig verquirlen. Dabei den Tofu noch weiter zerkleinern.

2 Das Kichererbsenmehl in den Becher geben, Backpulver, Salz, Pfeffer und Ras el-Hanout daraufstreuen. Zuerst Backpulver und Gewürze leicht mit dem Mehl vermischen, dann alle Zutaten zu einem glatten Teig verquirlen.

3 Den Becher in die Mikrowelle stellen und den Kuchen bei 600 Watt ca. 1 Min. 50 Sek. backen. Ist die Oberfläche noch sehr feucht, den Cake nochmals 10 – 20 Sek. backen, bis die Oberfläche fest ist. Den Cake am besten wenige Minuten nach dem Backen oder noch warm genießen.

TIPP

Kichererbsenmehl hat einen mild-nussigen Geschmack. Sie bekommen es in gut sortierten Supermärkten und im Bioladen.

SWEET & SOUR

70 g süßsauer eingelegter Kürbis (aus dem Glas) | 1 Ecke Sahne-Schmelzkäse (ca. 50 g) | 2 EL Kürbissud (aus dem Glas) | 1 Ei (M) | 2 EL Schnittlauchröllchen (frisch oder TK) | Salz | Pfeffer | 2 EL Mehl (ca. 15 g) | ¼ TL rosenscharfes Paprikapulver

Saftig und überraschend

Für 1 Becher (mind. 250 ml Inhalt) | 10 Min. Zubereitung
Pro Becher ca. 335 kcal, 16 g EW, 18 g F, 26 g KH

1 Den Kürbis abtropfen lassen. Den Schmelzkäse in den Becher geben und in der Mikrowelle bei 600 Watt in ca. 30 Sek. schmelzen lassen. Mit einer Gabel oder einem Mini-Schneebesen glatt rühren. Ein Drittel vom Kürbis beiseitelegen. Die restlichen Stücke kräftig unter den Schmelzkäse rühren und dabei etwas zerkleinern.

2 Kürbissud, Ei und Schnittlauch in den Becher geben, mit Salz und Pfeffer würzen und alles verquirlen. Das Mehl unterrühren und das Paprikapulver auf den Teig streuen.

3 Den Becher in die Mikrowelle stellen und den Kuchen bei 600 Watt ca. 2 Min. backen. Kurz ruhen lassen, dann weitere 30 – 40 Sek. backen, bis die Oberfläche fest ist. Herausnehmen, den Cake mit dem restlichen Kürbis belegen und wenige Minuten nach dem Backen oder noch warm genießen.

TIPP

Der schmeckt nicht nur zu Halloween. Zur Süße und leichten Säure der Kürbisstücke passt noch eine weitere Geschmacksrichtung: die Schärfe. Rühren Sie also ruhig einige Tropfen Tabasco, etwas frisch gehackte Chilischote oder 1 Prise Chiliflocken in den Teig.

BELLA NAPOLI

Wenn ich mal wieder Italien-Sehnsucht habe, backe ich blitzschnell diesen Cake. Und Löffel für Löffel komme ich Sonne und Vesuv ein kleines Stückchen näher ...

1 Ei (M)
2 EL Olivenöl
2 EL Tomatenketchup
1 – 2 EL gehacktes Basilikum
(frisch oder TK)
Salz | Pfeffer
2 EL Milch
5 EL Mehl (ca. 40 g)
½ TL Backpulver
Außerdem:
1 – 2 TL geriebener Parmesan
(ersatzweise anderer
geriebener Käse)
2 EL Ratatouille-Sauce (siehe
Klappe hinten)
Parmesanspäne zum Be-
streuen (nach Belieben)

Und dazu ein Glas Rotwein

Für 1 Becher
(mind. 300 ml Inhalt) |
10 Min. Zubereitung
Pro Becher ca. 460 kcal,
14 g EW, 28 g F, 37 g KH

1 Das Ei mit dem Olivenöl in den Becher geben und mit einer Gabel oder einem Mini-Schneebesen gründlich verquirlen. Ketchup und Basilikum einrühren und die Masse mit Salz und Pfeffer würzen.

2 Die Milch in den Becher gießen. Das Mehl hineingeben und das Backpulver daraufstreuen. Mehl und Backpulver leicht vermischen, dann alles zu einem glatten Teig verquirlen.

3 Den Becher in die Mikrowelle stellen und den Kuchen bei 600 Watt ca. 1 Min. 40 Sek. backen, bis die Oberfläche fest ist. Herausnehmen, den Parmesan auf den Kuchen streuen und leicht schmelzen lassen. Zuletzt die Ratatouille-Sauce auf den Cake geben und diesen nach Belieben mit Parmesanspänen bestreuen. Den Cake am besten wenige Minuten nach dem Backen oder noch warm genießen.

TIPP

Je nachdem, welche Kräuter ich gerade frisch im Haus habe, rühre ich statt Basilikum auch mal Schnittlauchröllchen oder gemischte italienische Kräuter in den Teig. Besonders schnell und immer zur Hand sind tiefgekühlte Kräuter. Zusätzliches Aroma bekommt der Kuchen mit 1 getrockneten Tomate (aus der Tüte oder in Öl eingelegt). Die Tomate klein schneiden und ganz zuletzt unter den Teig heben. Die Garzeit dann um 10 – 20 Sek. verlängern.

PIZZA LUIGI

2 EL Speisequark (20 % Fett; ca. 50 g) | 1 Eigelb (M) |
2 EL Olivenöl | ½ TL getrockneter Thymian (ersatzweise
Pizzagewürz) | 1 Msp. Salz | Pfeffer | 5 EL Mehl (ca. 40 g) |
½ TL Backpulver | 2 Kirschtomaten | 1 EL geriebener Pizza-
käse | 1 Prise edelsüßes Paprikapulver

Neues vom Italiener

Für 1 Becher (mind. 300 ml Inhalt) | 10 Min. Zubereitung
Pro Becher ca. 420 kcal, 14 g EW, 26 g F, 33 g KH

1 Quark, Eigelb, Olivenöl und 2 EL Wasser in den Becher geben
und mit einer Gabel oder einem Mini-Schneebesen gründlich
verquirlen. (Eventuell gerinnt die Mischung leicht, sie mischt sich
später aber wieder problemlos.)

2 Thymian, Salz und Pfeffer einrühren. Das Mehl in den Becher
geben und das Backpulver daraufstreuen. Mehl und Backpulver
leicht vermischen, dann alles zu einem glatten Teig verquirlen.

3 Die Tomaten waschen, vierteln und locker unter den Teig
heben. Den Pizzakäse auf den Teig streuen und das Paprikapulver darüberstäuben. Den Becher in die Mikrowelle stellen
und den Kuchen bei 600 Watt ca. 1 Min. 40 Sek. backen, bis
die Oberfläche fest ist. Herausnehmen und den Cake am besten
wenige Minuten nach dem Backen oder noch warm genießen.

MATADOR'S MUG

25 g Chorizo (siehe Tipp; ersatzweise andere pikante Hartwurst) | 1 gekochte Kartoffel (ca. 100 g) | 1 Ei (M) | 1 EL Olivenöl | 30 g Frischkäse (ca. 15 % Fett) | 3 EL Mehl (ca. 25 g) | ½ TL Backpulver | ½ TL getrockneter Thymian | Salz | Pfeffer | 1 Prise rosenscharfes Paprikapulver | 1 EL Ratatouille-Sauce (siehe Klappe hinten)

España Olé!

Für 1 Becher (mind. 300 ml Inhalt) |
10 Min. Zubereitung
Pro Becher ca. 475 kcal, 19 g EW, 29 g F, 34 g KH

1 Die Chorizo in sehr kleine Würfel schneiden. Die Kartoffel pellen und ebenfalls klein würfeln. Das Ei, das Olivenöl und den Frischkäse in den Becher geben und mit einer Gabel oder einem Mini-Schneebesen gründlich miteinander verquirlen.

2 Das Mehl in den Becher geben und das Backpulver daraufstreuen. Mehl und Backpulver leicht vermischen, dann alles zu einem glatten Teig verquirlen. Mit Thymian, Salz und Pfeffer würzen und die Wurst- und Kartoffelwürfel unterrühren. Das Paprikapulver auf den Teig streuen.

3 Den Becher in die Mikrowelle stellen und den Kuchen bei 600 Watt ca. 1 Min. 50 Sek. backen, bis die Oberfläche fest ist. Die Ratatouille-Sauce daraufgeben und den Cake am besten wenige Minuten nach dem Backen oder noch warm genießen.

TIPP

Chorizo ist eine in Spanien sehr beliebte Wurst, die frisch und weich wie auch getrocknet und hart verkauft wird. Gemeinsam ist beiden Varianten ein pikanter bis scharfer Geschmack.

CANNED TUNA

1 Ei (M) | 2 EL Olivenöl | Salz | Pfeffer |
1 Knoblauchzehe (ersatzweise 1 TL TK-Knob-
lauch) | 3 EL Milch | 1 TL getrockneter Thymian |
5 EL Mehl (ca. 40 g) | ½ TL Backpulver |
30 g Thunfisch (aus der Dose)

Schmeckt nach Meer

Für 1 Becher (mind. 300 ml Inhalt) |
10 Min. Zubereitung
Pro Becher ca. 455 kcal, 19 g EW, 28 g F, 30 g KH

1 Das Ei und das Olivenöl in den Becher geben
und mit Salz und Pfeffer würzen. Den Knoblauch
schälen und dazupressen. Milch und Thymian zugeben und alles mit einer Gabel oder einem Mini-
Schneebesen gründlich verquirlen.

2 Das Mehl in den Becher geben und das Backpulver daraufstreuen. Zuerst das Backpulver leicht

mit dem Mehl vermischen, dann alles zu einem
glatten Teig verquirlen. Den Thunfisch zugeben
und weiterrühren, bis er zerkleinert und gleichmäßig im Teig verteilt ist.

3 Den Becher in die Mikrowelle stellen und den
Kuchen bei 600 Watt ca. 1 Min. 50 Sek. backen, bis
die Oberfläche fest ist. Herausnehmen und den
Cake am besten wenige Minuten nach dem Backen
oder noch warm genießen.

TIPP
Am besten Thunfisch kaufen, der im eigenen
Saft eingelegt ist. Achten Sie außerdem auf
Nachhaltigkeit beim Fang – ein Aufdruck auf
der Dose gibt darüber Auskunft.

MUG LORRAINE

Die klassische Quiche Lorraine hat mich zu diesem Rezept inspiriert. Im Unterschied zum Original aus dem Backofen ist der Kuchen im Becher in Windeseile fertig.

1 Ei (M)
2 EL Speisequark (20 % Fett; ca. 50 g)
Salz | Pfeffer
1 Prise edelsüßes Paprikapulver
2 EL feine Schinkenwürfel (siehe Tipp)
1 EL Schnittlauchröllchen (frisch oder TK)
5 EL Mehl (ca. 40 g)
½ TL Backpulver
Außerdem:
1 Prise edelsüßes Paprikapulver
1 Prise Meersalzflocken (z. B. Fleur de Sel; nach Belieben)

Gruß aus Frankreich

Für 1 Becher (mind. 300 ml Inhalt) | 10 Min. Zubereitung
Pro Becher ca. 315 kcal, 23 g EW, 11 g F, 30 g KH

1 Ei und Speisequark in den Becher geben und mit einer Gabel oder einem Mini-Schneebesen zu einer glatten Creme verquirlen. Mit Salz, Pfeffer und Paprikapulver würzen.

2 Schinkenwürfel und Schnittlauch zugeben und sorgfältig unter die Quarkcreme rühren. Das Mehl in den Becher geben und das Backpulver daraufstreuen. Zuerst das Backpulver leicht mit dem Mehl vermischen, dann alles zu einem glatten Teig verquirlen.

3 Den Becher in die Mikrowelle stellen und den Kuchen bei 600 Watt ca. 1 Min. 50 Sek. backen, bis die Oberfläche fest ist. Herausnehmen und den Cake mit Paprikapulver und nach Belieben mit Meersalzflocken bestreuen. Am besten wenige Minuten nach dem Backen oder noch warm genießen.

TIPP

Magere Schinkenwürfelchen gibt es abgepackt in jedem Supermarkt. Sie sind im Kühlschrank mehrere Wochen haltbar und stehen so jederzeit für das spontane Backvergnügen bereit. Aber es muss nicht immer Schinken sein. Stattdessen schmecken auch in feine Würfel geschnittener Schweinebraten-, Puten- oder Hähnchenbrust-Aufschnitt, Reste vom Sonntagsbraten oder vom Brathähnchen, Salami oder Kabanossi im Cake. Und wer ganz auf Fleisch verzichten möchte, rührt fein gewürfelten Räuchertofu in den Teig.

REGISTER

Damit Sie die Rezepte mit bestimmten Zutaten noch schneller finden, sind in diesem Register auch beliebte Zutaten wie **Frischkäse** oder **Mandeln** alphabetisch eingeordnet und hervorgehoben. Darunter finden Sie das Rezept Ihrer Wahl.

© 2015 GRÄFE UND UNZER VERLAG GmbH, München Alle Rechte vorbehalten. Nachdruck, auch auszugsweise, sowie die Verbreitung durch Film, Funk, Fernsehen und Internet, durch fotomechanische Wiedergabe, Tonträger und Datenverarbeitungssysteme jeglicher Art nur mit schriftlicher Genehmigung des Verlages.

Projektleitung: Karina Rernböck
Lektorat: Petra Teetz
Korrektorat: Jutta Friedrich
Innen- und Umschlaggestaltung: independent Medien-Design, Horst Moser, München
Herstellung: Mendy Jost
Satz: Kösel, Krugzell
Reproduktion: Medienprinzen, München
Druck und Bindung:
Schreckhase, Spangenberg
Syndication:
www.jalag-syndication.de
Printed in Germany

1. Auflage 2015
ISBN 978-3-8338-4659-5

 www.facebook.com/gu.verlag

Die Autorin

Angelika Ilies, Diplom-Oecotrophologin, freie Foodjournalistin und Buchautorin, arbeitete lange für deutsche Kochzeitschriften. Seit vielen Jahren schreibt sie als freie Journalistin über alles, was mit Essen und Trinken zu tun hat. Angelika Ilies hat zahlreiche Koch- und Backbücher verfasst und überrascht immer wieder mit ihren abwechslungsreichen Ideen für eine schnelle und unkomplizierte Alltagsküche.

Der Fotograf

Jörn Rynio kann seine Liebe für Essen und Trinken beruflich ausleben: In seinem Studio in Hamburg setzt er Food für internationale Zeitschriften, renommierte Verlage und Werbeagenturen stimmungsvoll in Szene. Sein Team bei diesem Buch: Rainer Meidinger (Foodstyling) und Michaela Suchy (Requisite).

Bildnachweis

Titelfoto: Wolfgang Schardt, Hamburg; Autorenfoto: privat; alle anderen Fotos: Jörn Rynio, Hamburg

Titelrezept

Double Schokoschock (S. 30)

Liebe Leserin, lieber Leser,

haben wir Ihre Erwartungen erfüllt? Sind Sie mit diesem Buch zufrieden? Haben Sie weitere Fragen zu diesem Thema? Wir freuen uns auf Ihre Rückmeldung, auf Lob, Kritik und Anregungen, damit wir für Sie immer besser werden können.

GRÄFE UND UNZER Verlag
Leserservice
Postfach 86 03 13
81630 München
E-Mail:
leserservice@graefe-und-unzer.de

Telefon: 00800 / 72 37 33 33*
Telefax: 00800 / 50 12 05 44*
Mo–Do: 8.00–18.00 Uhr
Fr: 8.00–16.00 Uhr
(* gebührenfrei in D, A, CH)

Ihr GRÄFE UND UNZER Verlag
Der erste Ratgeberverlag – seit 1722.

Umwelthinweis:
Dieses Buch ist auf PEFC-zertifiziertem Papier aus nachhaltiger Waldwirtschaft gedruckt.

GRÄFE UND UNZER

Ein Unternehmen der
GANSKE VERLAGSGRUPPE

EINFACH GESÜNDER LEBEN

Jetzt GU BALANCE
14 Tage kostenlos testen.
Ganz ohne Risiko!
DEIN CODE: BUCH-EZ-HE-15-2-KW

www.gu-balance.de

ERNÄHRUNG

BEWEGUNG

ENTSPANNUNG

GU BALANCE: DEIN ONLINE-PROGRAMM FÜR EIN AUSGEWOGENES LEBEN

Dein „Wie-für-Dich-gemacht"-Weg, um dauerhaft fitter, schlanker und entspannter zu sein.

Jeden Tag neue Rezepte für eine gezielte Ernährungsumstellung

Fitnessvideos für ein zeitsparendes Home-Workout

Einfache Entspannungstipps für bewusste Atempausen

98% der Trendsetter gefällt die GU Balance-Website! (trendsetter.eu, April 15)

GU BALANCE

www.gu-balance.de

Mit getesteter Erfolgs-Garantie vom Ratgeber-Marktführer GU

SÜSSES ON TOP

Welche Sauce hätten Sie denn gern? Egal für welche Sie sich entscheiden, diese schnell gerührten Exemplare adeln jeden süßen Mug Cake.

VANILLESAUCE

Für ca. 200 ml: ½ Vanilleschote längs aufschlitzen und das Mark herausschaben. Schote und Mark mit ⅛ l Milch und 1 EL Zucker in einem Topf erhitzen. Vom Herd nehmen und 15 Min. ziehen lassen. Die Schote danach entfernen. In einer Tasse 1 Eigelb (M) mit 50 g Sahne und ½ TL Speisestärke glatt rühren. Die Vanillemilch aufkochen und die Stärkemischung mit einem Schneebesen einrühren. Die Sauce einmal aufkochen lassen, vom Herd nehmen und unter häufigem Rühren abkühlen lassen. Sofort servieren oder in ein Schraubglas füllen und verschließen. Im Kühlschrank aufbewahrt ca. 4 Tage haltbar.

SCHOKOLADENSAUCE

Für ca. 200 ml: 50 g Schokolade grob hacken und mit 100 g Sahne in einen Topf geben. Langsam unter Rühren erwärmen, bis die Schokolade geschmolzen ist. Die Sauce unter häufigem Rühren abkühlen lassen. Sofort servieren oder in ein Schraubglas füllen und verschließen. Im Kühlschrank aufbewahrt ca. 4 Tage haltbar. Zum Servieren nach Belieben in der Mikrowelle wieder leicht erwärmen. Tipp: Die Sauce lässt sich wunderbar abwandeln. Dafür zusätzlich 1 Prise gemahlene Vanille, Zimtpulver oder abgeriebene Bio-Orangenschale unterrühren. Auch 1 Löffel Espresso oder Likör geben ihr ein feines Aroma.

EXOTISCHE FRUCHTSAUCE

Für ca. 200 ml: 150 g frisches Ananasfruchtfleisch in grobe Stücke schneiden. Die Stücke mit 80 ml ungesüßter Kokosmilch (aus dem Asialaden) in einen hohen Mixbecher geben. 1 – 2 EL braunen Zucker hinzufügen. Die Zutaten mit dem Pürierstab fein mixen. Nach Belieben noch 1 EL Limettensaft, Kokoslikör, braunen Rum oder Zuckerrohrschnaps unterrühren. Die Sauce sofort servieren oder in ein Schraubglas füllen und verschließen. Im Kühlschrank aufbewahrt ca. 4 Tage haltbar. Tipp: Für eine samtige Mangosauce statt der Ananas 150 g Mangofruchtfleisch mit den restlichen Zutaten mixen.